ALLOCUTION

prononcée par

Monseigneur L'ÉVÊQUE DE MARSEILLE

dans sa Cathédrale, le 22 Octobre 1896

AUX OBSÈQUES DES OFFICIERS ET SOLDATS FRANCAIS

TUÉS A L'ENNEMI

A TAÇOUBAO, PRÈS DE TOMBOUCTOU

MARSEILLE
IMPRIMERIE MARSEILLAISE
39, rue Sainte; 39
—
1896

ALLOCUTION

prononcée par

Monseigneur L'Évêque de Marseille

dans sa Cathédrale, le 22 Octobre 1896

AUX OBSÈQUES DES OFFICIERS ET SOLDATS FRANCAIS

TUÉS A L'ENNEMI

A TACOUBAO, PRÈS DE TOMBOUCTOU

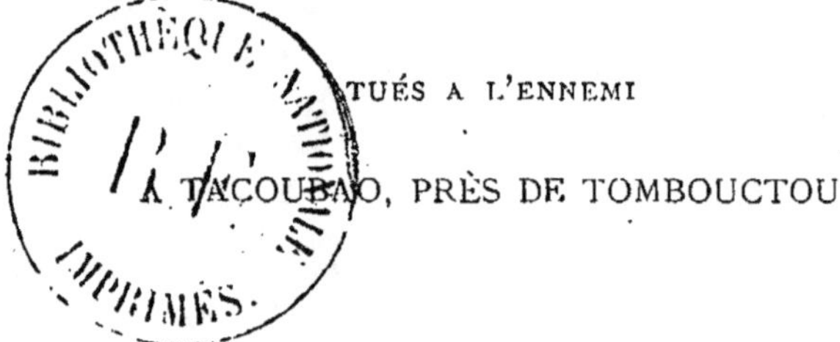

MARSEILLE
IMPRIMERIE MARSEILLAISE
39, rue Sainte, 39

1896

ALLOCUTION

prononcée par

Monseigneur l'Évêque de Marseille

dans sa Cathédrale, le 22 Octobre 1896

AUX OBSÈQUES DES OFFICIERS ET SOLDATS FRANÇAIS

tués à l'ennemi, à Tacoubao, près de Tombouctou

———————×∞———————

Si appropiavit tempus nostrum, moriamur in virtute nostra propter fratres nostros et non inferamus crimen gloriæ nostræ (I. Mach. IX, 10).

« Si notre heure de mourir est arrivée, mourons en gens de cœur pour nos frères et ne mettons point de tache à notre gloire. »

Messieurs,

J'emprunte ce texte au livre des Machabées qui raconte la lutte longue et héroïque du peuple d'Israël pour le maintien de ses lois, de ses libertés et de l'honneur du sanctuaire.

Judas Machabée, le chef de la nation, un jour, suivi d'une poignée de soldats, se vit enveloppé par une multitude immense d'ennemis. Voulant, dans ce moment critique, transmettre à ses hommes son propre courage, il leur adressa les fières paroles que je viens de citer. Ecrasé par le nombre, il tomba lui et la plupart des siens, trouvant dans cette mort, suivant la belle expression de saint Ambroise, plus de gloire que ne lui en eût donné le triomphe de la victoire, *gloriosiorem triumphis mortem invenit*.

Telle fut aussi la pensée magnanime dont s'inspira la petite troupe des vaillants soldats tués à l'ennemi, à Tacoubao, près de Tombouctou, et dont plusieurs des corps sont ici devant nous : le lieutenant-colonel d'artillerie Bonnier ; le chef de bataillon d'infanterie de marine Hugueny ; les capitaines d'infanterie de marine Tassard et Sensaric ; le capitaine d'artillerie de marine Livrelli ; les lieutenants d'infanterie de marine Bouverot et Gabnier ; le médecin de 1ʳᵉ classe des colonies Grall ; le vétérinaire en second Lenoir ; les sergents d'infanterie de marine Etesse et Gabriel.

Soucieux de la gloire du nom français, qu'ils ont voulu garder sans tache, ils sont morts en gens de cœur pour leurs frères et pour la patrie, disant, non de bouche, il est vrai, mais par leur attitude héroïque, la parole de Judas Machabée : *Si appropiavit tempus nostrum, moriamur in virtute nostra propter fratres nostros et non inferamus crimen gloriæ nostræ.*

La patrie, cette mère qui sait imposer à ses enfants de tels dévoûments, qu'est-elle donc ? La patrie est la société d'hommes vivant ensemble, unis par les liens les plus forts, les plus nécessaires, les plus inviolables et les plus saints :

1. Lien provenant d'une origine commune : Un même sang qui maintient l'unité de race à travers les générations successives fait, des membres d'une nation, comme les frères d'une grande famille.

2. Lien que produit l'unité de la langue : Rien, en effet, n'unit plus solidement les hommes entre eux que la parole, ce moyen nécessaire qui leur est donné de se communiquer les pensées les uns aux autres.

3. Lien produit par l'habitation sur un même sol : La société humaine demande qu'on aime la terre où l'on demeure ensemble ; on la regarde comme une mère, une nourrice commune, on s'y attache, cela unit. Les hommes, en effet, se sentent surtout liés par quelque chose de fort, lorsqu'ils songent que la même terre qui les a portés et nourris étant vivants, les recevra dans son sein lorsqu'ils seront morts (1).

Mais il est d'autres liens plus solides encore et plus sacrés, les liens moraux et religieux ; je veux dire : la communauté des traditions, des usages, des lois qui nous régissent ; l'autorité du gouvernement, auquel nous devons une commune déférence et soumission. Mais cette autorité humaine ne s'exerçant qu'en vertu de la délégation d'une autorité supérieure qui est et ne peut être que l'autorité divine, c'est à ce principe de toute autorité dans le monde, à Dieu, que la patrie doit surtout honneur et obéissance par l'observation de ses lois, par le respect de son saint nom et par la protection accordée à tous pour le libre et plein exercice du culte divin.

(1) Bossuet, *Politique tirée de l'Écriture*, liv. I.

On voit par là, dit Bossuet, toutes les choses qui unissent les citoyens entre eux et avec leur patrie : les autels et les sacrifices, la gloire, les biens, le repos et la sûreté de la vie ; en un mot, la société des choses divines et humaines (1).

Telle est la notion de la patrie qu'ont eue tous les peuples. Ils n'ont jamais voulu en séparer les choses religieuses. Dans les temps modernes, on a eu sur ce point la maxime énergique et concise : *Religion et Patrie ;* celle des anciens était semblable : *Pro aris et focis.*

Ceux dont nous honorons aujourd'hui la mémoire avaient bien de la patrie cette compréhension vraie, adéquate. Leurs amis qui les connaissaient bien, sur la terre qui a d'abord recueilli leurs restes, ont planté à côté du drapeau, symbole de la patrie, la croix, symbole de la religion; et ils ont voulu qu'en abordant sur la terre de France ils fussent abrités dans nos saints temples, bénis et protégés aux pieds des saints autels par l'oblation du saint sacrifice.

Vous tous, Messieurs, qui êtes venus si nombreux dans cette enceinte vous unir aux prières de l'Eglise, vous affirmez solennellement la même vérité : *Union de la Religion et de la Patrie.*

La patrie qui nous procure ou nous assure tous les biens mérite donc d'être tendrement aimée et fidèlement servie. Tous ses enfants, quels qu'ils soient, lui doivent cet amour et ce service. Tous sont obligés de travailler à la prospérité, à la grandeur de la France, de maintenir

(1) Bossuet, *Politique tirée de l'Ecriture,* liv. I.

et d'accroître son renom, son crédit et sa puissance morale dans le monde.

Et comment ? En augmentant, si je puis m'exprimer ainsi, son fonds social, qui est formé de toutes les vertus civiles, militaires et religieuses de ses enfants et que j'appelle d'un seul mot : l'Honneur.

Les générations qui nous ont précédés ont largement concouru à former ce précieux dépôt. Encore maintenant et toujours, toutes les conditions et les divers âges de la vie sont appelés à venir déposer dans ce trésor : l'enfance, le respect de l'autorité paternelle ; la jeunesse, les fruits d'une éducation virile ; les arts et la littérature, le culte du vrai, du beau et du bien ; le commerce, la probité et l'honnêteté ; la magistrature, la justice et l'équité de ses arrêts ; l'administration, le dévouement à la chose publique ; l'armée, la discipline, la bravoure et le courage ; le clergé, le zèle et le dévouement dans la sanctification des âmes.

Mais ce qui enrichit le plus ce trésor, l'honneur de la France, c'est le sang versé par amour pour elle. Selon la parole du Divin Maître, il n'y a pas de témoignage plus excellent de l'amour et du dévouement.

Voilà pourquoi nous tenons à honorer particulièrement ces vaillants soldats qui ont répandu leur sang sous les coups de l'ennemi pour la défense du drapeau.

J'invoquais tout à l'heure l'histoire des Machabées. J'y reviens pour apprendre comment fut honoré Judas Machabée, le chef qui succomba à la guerre avec la plupart des siens. Ses frères et amis vinrent chercher son corps et le placèrent dans le sépulcre de leurs pères, au milieu du deuil de la nation et des prières publiques.

Voilà ce que vous avez fait, Messieurs de la Commission des Victimes de Tombouctou. Au prix de quelles peines, de quels sacrifices, Dieu seul le sait ; et je suis heureux d'être en ce moment l'interprète de tous en vous offrant l'expression de notre commune reconnaissance et de nos félicitations pour le succès de cette laborieuse et difficile entreprise.

La religion qui, j'aime à le répéter, fait partie intégrante de la patrie, a regardé comme un devoir de s'associer à ces honneurs par la solennité de ses cérémonies et le suffrage de ses prières.

Nous n'oublions pas dans ces prières les honorables familles de nos nobles victimes et, en leur adressant nos condoléances, nous les félicitons grandement de l'honneur qui revient à leur nom.

Il nous reste maintenant, dans une dernière prière liturgique, à élever nos mains suppliantes vers le Dieu des miséricordes pour qu'il ordonne à ses anges de porter au Ciel les âmes de ces héroïques serviteurs de la patrie.

Demandons, en finissant, au Dieu qui reçut les engagements de la France, il y a quatorze siècles accomplis en cette année, de la garder et de la protéger ; et qu'avec son appui, elle marche fière et grande au premier rang des nations, fidèle à sa devise : *Pro Deo et Patria.*